세렝게티를 떠나며

장시진 시집

혜민라이프

시인의 말

계절을 잊은 지 오래다
오는 소리도, 가는 소리도 듣지 못했다
가끔 마주치는 것은 환절기였다

색을 지니고 싶었지만
색을 구별할 수 없었다

오늘을 갖고 싶었지만
미련만 남은 반복뿐이었다

시간을 소유하고 싶은 마음은 없다
미련을 간직하고 싶은 마음도 없다

2017년 1월
장시진

CONTENTS

차례

시인의 말 • 3

1부

그 강은 흐르는가 • 10
낙엽 소리 • 11
세렝게티를 떠나며 • 12
장날 그림자 • 13
숨겨진 강 • 14
구름산 그 바위에 앉아 • 15
갱엿을 먹으며 • 16
라면을 끓이며 • 17
젖멍울 동여매고 • 18
사랑 그릇 • 19

2부

빈산 바라보며 • 22

알몸이 되어 • 24

오늘은 • 25

6월에는 • 26

흐름과 외면 • 27

계절 위에 서서 • 28

새벽에 앉아 • 29

의자는 배고프다 • 30

행성에서 • 31

3부

상처 • 34

개업 • 35

당신에게 • 36

계절 • 37

짧은 시 • 38

한여름 • 39

한 사랑 • 40

삶 위에서 • 41

그해 여름 • 42

윤회와 번뇌 사이에서 • 44

시간을 다듬으며 • 45

4부

바람의 비수 • 48

가을 파로호 • 49

파로호의 바람 • 50

화천 여자 • 51

바람입니다 • 52

여기는 시간입니다 • 55

바람의 상처 • 57

타임머신과 자반고등어 • 58

시詩 • 59

불놀이야 • 60

가을 한구석 • 61

예술 • 62

바람의 흔적 • 63

억새야, 억새야 • 64

그 아마존 • 65

아침에는 • 66

5부

아야, 어여 가자 • 68

빛나는 밤 • 70

일상의 조율 • 71

울어라, 첫사랑아 • 72

겨울은 벌써 • 73

풋내기 앓이 • 74

꽃잎과 단풍 • 75

산행1 • 76

산행2 • 78

산행3 • 79

산행4 • 80

산행5 • 81

세렝게티를 떠나며

6부

가을 애상 • 84

겨울 애상 • 85

지하철에서 • 86

첫눈, 첫사랑 • 87

멧돼지 • 88

골목 애상 • 89

무게를 달고 • 92

여름 애상 • 93

긴 하루 • 94

흐름 • 96

숙취에 대하여 • 97

등산 • 98

모기의 일생 • 99

해설 • 100

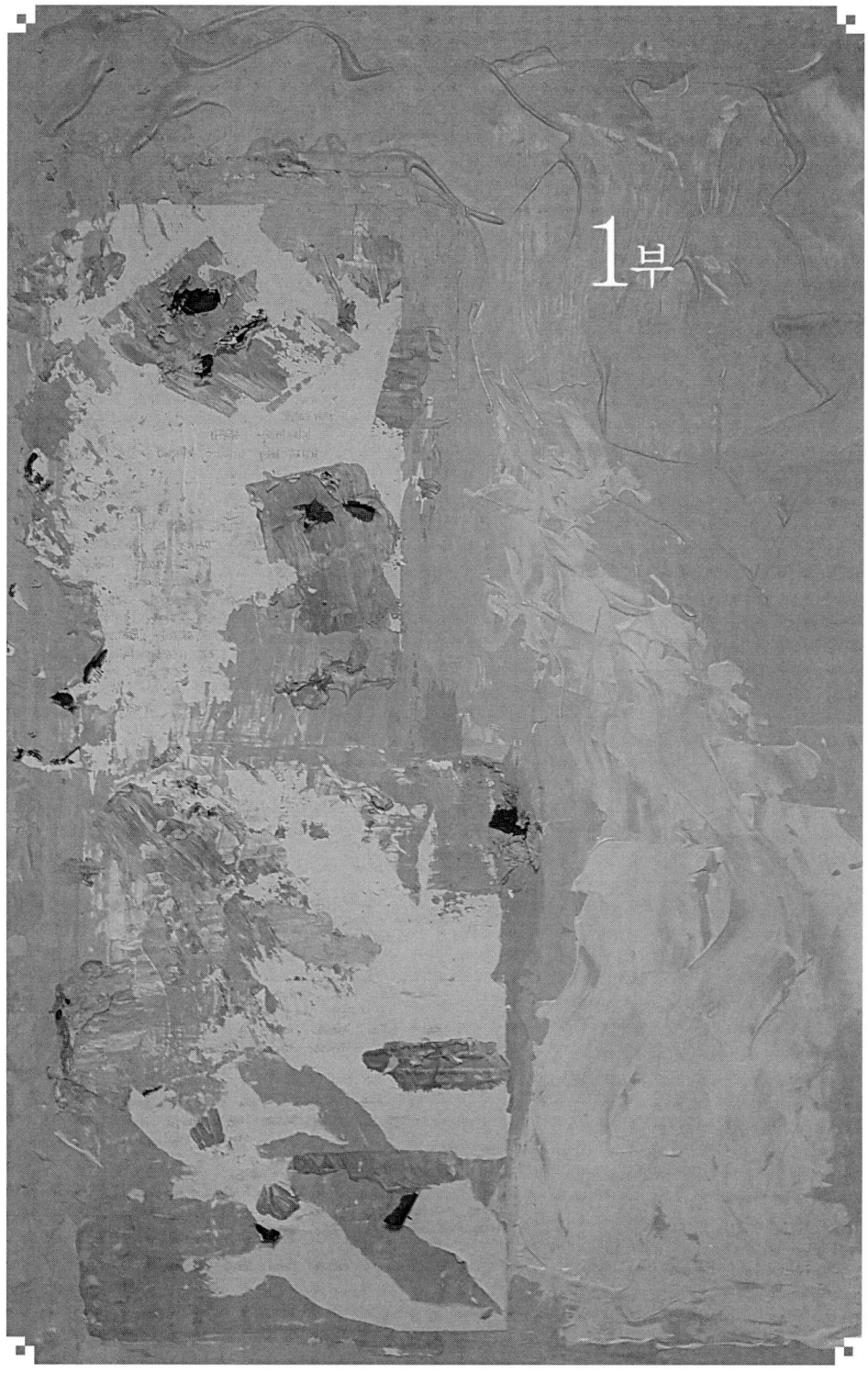

1부

그 강은 흐르는가

흐름도 멈춤도 없이
마른 눈물 가시처럼 품고
투명해지는 선
저 강의 넓은 그물코
외마디로 지치고,
어부의 한숨은 시린
물고기의 무뎌진 옆줄이 되었다

낙엽 소리

바람을 타고 남모르게 흘러가는
그 배를

손바닥 위에 살포시 정박시키다

다시 떠나는 뱃고동 소리
아련하다

이별은 나도 모르게 가시 박힌다.

세렝게티를 떠나며

그 섬에 가고 싶다

줄지어 선 저 검은꼬리누

맨 뒤에 서서

투덜대지 않고

마냥 걷다가 지쳐도 쉬지 않고

쫓아가면 갈 수 있겠지

흥기는 내 마음뿐인 섬

장날 그림자

요즘은 그것이 그것이고
그놈이 그놈이다
어느 장날 보았던가
터덜터덜 걸어가던 그 그림자가
주저앉는 소리

다닥다닥 달라붙은 잔 근육
굵은 쇠망치질하던 그해
장날은 저 뒤에 있고
먼저 갈 길 재촉하던 그림자는
소머리국밥이나 먹었을까
요즘은 고만고만하여 시골 장터도
드문지 오래
그래도 잔치를 벌이자
오고 가는 그림자
잠시 쉬어가라고

숨겨진 강

강은 이정표가 있다
바람처럼 제멋대로 흐르지 못하지만
저 협곡 끝에서도 흐른다

그 끝에서도 걸어야 한다

메마른 강이 되어서도
멈추지 않고,
흐느낌은 악착같을 것이므로

구름산 그 바위에 앉아

필시 한 덩어리였을 것이다

세월이 흘러 너도 이제는
주름살 숨길 수 없구나
세월이 무상하여도
너는 여전히 그곳에 앉아있을 터이니
정겹기도 하지

내 주름살 너의 이마에 살짝 올려본다

갱엿을 먹으며

몇 걸음 걷다가 뒤돌아섰다
문득 시간 여행이 두려웠다
김수영의 헬리콥터가
소리 없이 파르르 떨었다
옳고 그름을 떠나서,
무엇이 남았을까
궁상맞은 하늘을 올려다보면
옳거니,
어금니가 빠졌다
봄바람이 날 선 만큼
헤드록이라도 걸어 보고 싶은 오후
너는 어디를 그렇게 서둘러 가느냐

라면을 끓이며

새벽 허기짐에 재촉하여 뽀글뽀글 끓이는 소리
라면을 끓이며 생라면 하나를 먹어치운다는 녀석
오도독, 오도독 씹던 소리가
긴 면발 호로록 허기를 삼킨다

새벽에 먹는 라면은 자꾸만 소리를 살찌운다

젖멍울 동여매고

관능적인 외모,
그 풍만한 가슴,
가녀린 욕망은
누구에게서 배웠을까?
그 비린 젖가슴의 젖내를

꽁꽁 언 가슴
그 언저리에서
하물며 뛰어놀았을 계절
뒹굴고 싶어라
겨울이면 젖가슴 더 동여매고
시린 손 잡아줄 당신은
어디쯤 가고 있을까

보이지 않아도 보이는 뿌연 거울 속 당신

사랑 그릇

밥그릇에 당신을 담았다
배고프지도 배부르지도 않은 세월
한껏 비틀어 놓은 시간

엎히거나,
하지도 않을 그 시간을
다만 낙엽으로 남기고
우린 또 다른 그림을 그리자

바보야!
내가 밥그릇에 당신을 담았던 것은
세월의 묵념 때문이었지
운명은 서로 엮이는 것일 테니

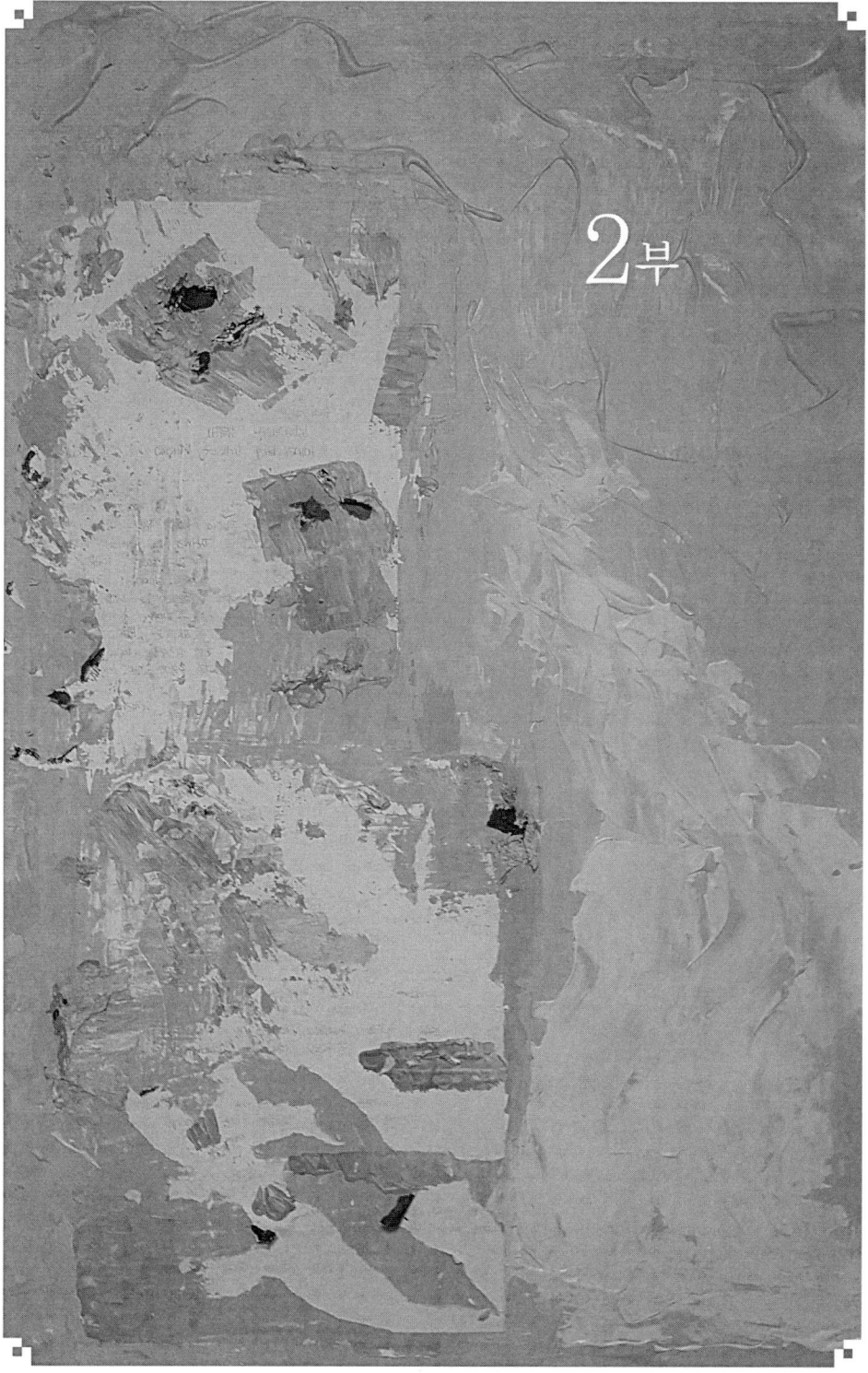

2부

빈산 바라보며

보이지 않는다
약속을 했던 것은 아니지만
항상 그 자리에 있을 것으로 생각했다
대화는 필요 없었다
안부 인사도 하는 둥 마는 둥 지나가는 스침에
지쳤을까,
소리 없이 찾아드는 공허는 아쉬움에 숨이 막히고
마중 나올지도 몰라
이제는 내가 기다린다
알고 보면 곁에 있었던 것은 나였다
너는 움직일 수 없었으니까
이제는 묵묵히 돌아봐 주기를 기다리고 있었을
우직함을 찾을 수 없기에
서운함은 더욱더 큰 산을 이룬다
미련은 알고 마주치는 그리움
바라보면 하염없이 서러워 너에게 안겨 울고 싶다

네 앞에 콘크리트 장벽이 수백 채의 집을 짓고 있어서
너는 이제 나를 받아 줄 수 없겠지
친구 할 수 없겠지
등 돌린 등조차 볼 수 없음을 이제는 양보해야 할 때
기다림은 까막눈이 되고
이제는 먼저 찾아 나서야 그나마 마주할 수 있을 터

사시사철 나는 배려로만 너를 만나왔다
너를 만날 수 없음이 큰 산을 이루는 것은
이젠 그 배려가 내게 필요한 것임을 안다
네가 그곳에 있다는 것을 알기까지 무심하고 소홀한 객기로
나는 너를 외면하고 있었다
이제는 보고 싶다
너를 만났을 때
미련은 알고 마주치는 반가움이라는 것을

알몸이 되어

어둠이 내리고,
술 취한 개가 짖고
발정 난 온갖 동식물이 객기로 시간의
옷을 벗긴다

알몸이 되어버린 시간 속 어둠,

제각각이면서, 한 몸이면서
새벽이면 덧없이 게워내는 후회
멀쩡하게 생긴 구두 투덜대며
폐지 줍던 노파 옆으로
느닷없이 쓰러지면 개가 짖는다

오늘은

오늘도 늙었구나
나도 늙었구나
대화 한잔 늙어 있다
그 맑은 술잔 속에

6월에는

소리 없이 아픈 새벽
가냘픈 서러움 비와 함께 포개고
바닥으로 스며들면
눅눅한 그림자 되어 우는 그 소리,
불면을 이고 지는 그 소리
스멀스멀 올라오는 그 물안개의 기억

흐름과 외면

사라지는 것
다시 익숙해지는 것
그렇게 시간은 허물어지고
쌓여가고
그 와중에도 의미를 부여하는 것을 보면
시간 참 모질다

못해 순해지는 그 흰 머리카락
검어진다는데
외면하는 그 낯선 그림자 왜
날 선 고집을 그리는지

계절 위에 서서

의지했었는지
의지가 없었는지
혹은 홀로서기였는지
언제나 기어 올라가는 담쟁이덩굴

악착같은 그 시선
질끈 바람이 지나가면 아우성치는
까칠함이 시간을 밟는다

새벽에 앉아

역시나 그 길이었다
희미한 잔영,
그 속에 네가 있는 것인지
혹은 내가 있는 것인지
그 속은 포근했다
성난 자유처럼
자지러지는 설움처럼 투명해지는 시간

의자는 배고프다

텅 빈 나무의자 그러나
간직하고 싶은 것을 이미 품었다
그림자를,
그 체취를 그러나 배가 고프다
혼자여서
늘 스치는 옷깃
머무는 그림자
외로움만 남기고 가버리는 고독한 구석자리
인연이 아니었음이 슬픔이어서
품었으면서도 뿌리를 내리고 싶은 모양이다

행성에서

우아한,
사랑을 갈망하는 믿음이 서러워
목청껏 울어야 한다
먼저 집적대는 수컷은 크게 울어야 행성 지구에
유전자를 남길 수 있다

시도 때도 없이 그 염병할 믿음이었다
그래,
이 행성은 악착같아야 살아남는 곳이다
여행지로서는 B급 경유지일 뿐이다
이것만은 잊지 마라

여행자 수칙 1조 1항
〈여행자는 연연해서는 안 된다〉

이 행성은 수많은 여행자가

쥐도 새도 모르게 사라지는 곳이다
하여 가급적 준수사항을 지킬 것
열흘만 악착같이 울다가 실패하더라도
집결지로 모여 다음 여행지로 이동할 것
절대 공간에 갇히지 말 것

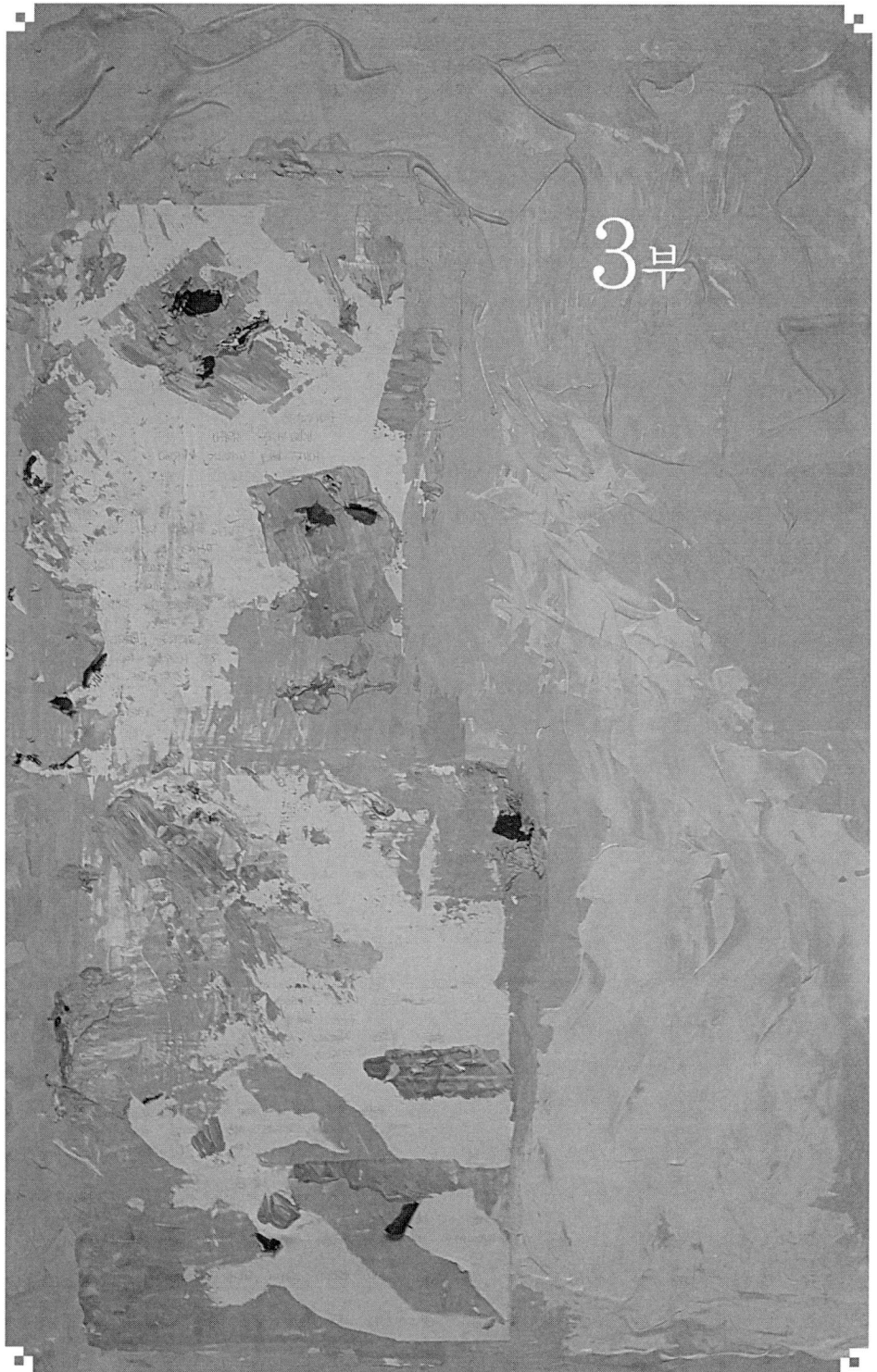

3부

상처

나,
엄마 아프다
서러워서 넘어졌다
무르팍이 까져도 엄마는 일어서라 했지
더 서러워서 또 넘어졌다
곪아 터진 연인에게
꽁꽁 얼어버린 연인에게
벙어리 냉가슴 포장하여
스쳐 가는 바람에 택배를 부탁하였다

개업

꽃이
남모르게 서 있다
진심일까
거짓일까
이 외로운 밤
피었다가 시들고
멍들다가 피어나는
가끔의 사랑이 지나가곤 한다

당신에게

그렇겠지요

언제나 당신은 나무입니다

언제나 가시인 저인 것처럼

계절

약속은 약속일 뿐,
계절아,
상처는 언제나 아문다
너처럼,
꽃이 피었다가 아무는 것처럼
네가 소리 없이 스쳐 지나가는 것처럼

짧은 시

ㅂ을 붙여야 하나
너는 설익은 코딱지다

한여름

아느냐,
너의 젖가슴에서 풋내가 나는 것을
하필이면 이 무더위에 섹스라니
진땀으로 범벅이 된 매미에게 한마디 하라면

"닥쳐"
이 서러운 것들아

한 사랑

소주 한 병 사 오렴 마누라야
나 가슴이 막혔다
더위는 슬픔이다
때로는,
사랑에 더위 먹어 네 탓을 하지만
겨울이면
당신 따듯하게 안아줄 수 있을까

삶 위에서

어머니 더워요

왜 저를 낳으셨어요?

녀석아,
네 아비의 사랑은 더했단다

그해 여름

시도 때도 없이 신음해야만 한다
악착같이 소리 질러야만 얻을 수 있다
오지 말라고 사양하는 것은 병치레다
차라리 가슴 벅찬 비명이다
낮이어도, 밤이어도, 비가와도 이글거려야 한다
기다리다가는 지고 마는 아지랑이가 된다
때로는 서러워도 삶이다
목청이 고와야 얻을 수 있는 여름이다
또, 한 번뿐인 고향이다
또, 거대한 소리의 무덤이 결국 깨어난다
눈치껏 쉬어가며 악을 써야 오고 간다
불러도 대답 없는 그리움은 개구리울음이 된다
목이 쉬면 안타까운 호흡이다
인공호흡도 없는 지평선이다
하물며 사랑이다
얻을 수 있음이 한계인 과거가 되고 만다

그해 여름 나는 울지 않았다

윤회와 번뇌 사이에서

그나저나 걱정이다

나는 이 행성을 벗어날 수 있을까?

우리는,

시간 여행 중이거나

공간이동 중이거나

스쳐 지나가다가 한눈을 팔면서

가끔 윤회와 번뇌를 발로 툭툭 걷어찬다

시간을 다듬으며

보잘것없는 시간을 낳았다
흐트러졌다가 다시 모이고 다시 흐트러지는 저 울타리
가득 안아다가 담을 쌓았다
그 언저리에 모여 작당하던 아이들

헌신짝처럼 버려진 저 하늘은
누군가 그린 한 폭의 수채화거나 발자국이다
늙어가는 시간아 천천히 걸어가자
작당하던 아이들이 집으로 되돌아 갈 때까지

4부

바람의 비수

칼을 쥔다
휘두를 것인가
벨 것인가
그을 것인가
자를 것인가
망설일 것인가
차라리 놓아라
편히,
그리하면 더 큰 비수가 되지 않을 터이니

가을 파로호

춥다
마음이 추운 것이 아니라 바람이 차다
파로호의 수온은 따듯하다

그 모성으로
또 무엇을 품을 수 있겠는가
생명을 이미 품고 있어 더 없이 여유로운
물안개 소복한 흐름
가벼운 시간의 입질
잔잔한 물질

파로호의 바람

이 엄청난 바람의 질투

총각 귀신의 농간처럼 한순간 부르르 떨다가

발가벗고 수영을 즐기겠지

저 굽이에서

불끈 일어서겠지

화천 여자

지나가는 소리
멈추는 소리
서성거리는 소리
눈빛이,

그 여자
화천 여자
기다리다가 지쳐버린 여자
무거운 발걸음
빈 낚싯줄 되어
허전해지는 그 목멘 소리
그 바람
그 시장에서
그 여자 실없이 웃고 있네

바람입니다

이 바람을 모진 바람이라 합니다
이 바람을 각진 바람이라 합니다
이 바람은 빨리도 왔습니다
그냥 바람은 생각도 하지 못할
그 엄청난 바람입니다
바람은 가끔 낚싯바늘도 삼킵니다

이 파로호의 바람은 때로는 미친개처럼 짖습니다
어쩌면 길 잃은 영혼입니다
둥둥 떠다니는 영혼입니다
돌아와 다시 우는 설움입니다
지고 뜨고 다시 지고 같이 가는 해와 달도
새까맣게 잊어버리는 난데없는 까마중입니다
무궁화, 패랭이가 잠시 쉬어가는
때론 마당입니다
이 바람은 이유 없이 흐릅니다

귀신이 지나간 자리입니다

가고 나면 아랑곳없이 잠을 자는 곳입니다
그 밤 수달은 묶어 놓은 잉어를 채가고
장어는 담백한 돼지비계를 삼켜 대가리를 처박습니다
소주는 더위입니다
여행자는 길 잃은 나그네입니다
살림망을 3미터 물속에 빠뜨린 그 양반이 대꾸 없는 사이
그들은 다녀갔고,
파로호 그 물과 바람을 뒤로하고 물속에 잠수한 나는
결국 과객입니다
아쉬움을 남기는 곳
바람을 마셔야 비로소 세월을 낚는 곳
이곳은 바람과 키스해야 하는 곳입니다
이제는 간데없는,
나름의 짝사랑입니다

기다려도 오지 않는 세월의 마냥입니다
방천리, 오음리, 골방촌, 용호리, 말골, 밤골, 삼밭, 구만리,
마누라는 산적이라고 합니다
반딧불이도 없는 소굴이라고 합니다
그러나 칼바람 비수 세운 이 바람이
알게 모르게 여운의 미련을 갖춘 나름의 흐름입니다
잊히는 줄기의 그 줄기입니다
낚싯바늘에 걸린 바람은 쌩쌩 웁니다

여기는 시간입니다

갑니다

또 오지 말라고 해도 이 긴 세월

당신이 널어놓은

마른 시간의 또 다른 만남이었습니다

시간을 마시멜로처럼 구워서 먹었습니다

언젠가는 내가 널어놓은 마른 시간도 또 다른 누군가가

다가와 즐길 테지요

식지 않고 불타는 태양처럼 당분간은,

그렇게 흘러가는 겁니다

바람의 상처

날 선 바람이 심장을 긋고 갔다
상상도 못 할 9월 강물을 할퀴려 했을까

바람이 다녀간 골짜기 마디마디는 먼저 오고 먼저 가는 계절의
질투와 시기에 투정부릴 틈 없는 한 폭의 그림이 되고 싶었을까

타임머신과 자반고등어

뭐하나 했다
냉장고를 타고 굳이 여행을 가겠다는
자반고등어
그래,
택시를 타고 어디든 못 가겠느냐
그래,
바다 건너 어디든 가보아라
보소, 마누라!
자반고등어가 갈 때가 다되었소
배웅 좀 나가보구려

시詩

그만 나에게 갇히고 말았다
가슴 막막한 섹스만 하고 말았다
사정은 덧없는 꿈길의 막다른 골목이었다

불놀이야

차라리 존재하지 않았으면 했다
모여드는 과객들에게 불을 휘둘렀다
여유 없이 제멋대로인 시간의 유영을
해석하는 것보다
그의 불이 되고 싶었다
춤을 추며 혼을 놓고 싶었다

가자!
저 불 속으로,
다만 무모한 외출이어서는 안 된다

가을 한구석

발끝에 차이는 소리 없는 냄새

바람에 흩날리는 헌 옷

그릴 것이 많아 가로수 밑에 그려 놓은 그림

열매의 잃어버린 길

환경미화원의 빗자루에 쓸리는 그 계절

무심코 톡톡 터지는 가을

그 속에 숨고 싶어라

예술

모독인가
무지함인가
불찰인가
지랄인가
멍석말이인가
의지인가

툭툭 발끝에 차이는 소리

바람의 흔적

달빛 안고 왔습니다
시도 때도 없이
갈팡질팡하는 발걸음이 서러워 이제야 왔습니다
건방진 단어를 나열하고
당신 옆에 앉은 아들은 그림자에 숨고
당신의 팔베개에 살며시 기댑니다
휘파람을 처음 배우던 날
당신은 대견하다 하셨지요

휘파람은 그저 바람의 흔적이었던 것을요
당신은 알고 계셨을 테지요
이제는 묻지 않겠습니다

달빛 안고 갑니다
그 바람의 흔적은 약속이었던 것을요

억새야, 억새야

활활 불타는 웃음소리

활활 불타오른 어느 날

편지를 받았다

시간 멈추고

너의 그 화려한 춤사위 멈추고

거추장스러운 옷 버리고

시늉 없이 꿈틀거리고 있다고

그 아마존

저 불타는 강
아마존의 밀림

저 불타는 삶
도시의 밀물

에서도
파충류의 허파는 살아 있다지
적응하였다지
악착같이 독을 품었다지

아침에는

주폭이 되었다
어둠을 잘근잘근 씹어 뱉었다
그 흔적,
지울 수 있으면 좋으련만
조금만 남았으면 좋으련만
그 속 쓰린 기억
그 부끄러운 기억
아침 햇살이 걸터앉은
빨랫줄에 널어 말려본다
쪼개진 기억들
마냥 성치 않은 기억들
다닥다닥
여물지 않은 열매로 달렸다
풋풋하지 않은 냄새로 달렸다

아야, 어여 가자

너를 먹는다
솜사탕처럼 폭신하고 음탕한 너의 침대에 뛰어들다

문득,
불륜의 시작은 매혹이기보다 달콤한 유혹이라고 생각했다
흘러가던 구름 잠시 멈출 때 사랑이라고 우겨도 보고
그리움이라고 생떼도 부리고 아픔이라고 허세도 부리던
그 많은 흐름의 일부

난 존재했었을까
뒤돌아섰을까
우두커니 앉아 너를 바라보았을까

그 하얀 구름 속의 너를 발견할 수 있다면
다 먹어치워도 배부르지 않을 자신이 있는데

너는 단지 시간의 허상일 뿐이다
손으로 움켜쥘 수 없는 떠나간 시간의 일부,
내가 뒤돌아서면 사라지고 마는 그 흩어짐의 창구

아야!

빛나는 밤

초승달 콧등에
누가 점을 찍었나?

빛나지 않는 점이면 좋았으련만
이 밤

가슴에 불면의 점을
환하게 되돌려 놓았다

일상의 조율

시간을 조율하다
네 소리를
네 감성을
네 속의 군더더기를

귀 기울여 들어보면,
그 우물쭈물하다가도 일정했던 간격

네가 도망가 버린 그 길을 나도 따라 걸었다
걷다 보니 삐질 만도 하였다

울어라, 첫사랑아

그 소리를 아느냐

하찮은 벌레지만
의미 없이 울지 않는다
살아남기 위한 그 음탕한 소리
기나 긴 신음
내가 귀뚜라미였다면 그 짧고 긴 여름
매미보다 더 크게 울었을 터인데

사랑은 언제나
짧은 언어였던 것을
가을을 위한 은유였던 것을

겨울은 벌써

성큼 다가온 머리끄덩이를 쥐어 잡고 흔들었다
바람이 억새의 머리끄덩이를 잡아채고
기세등등 딸꾹질을 하듯 볼썽사나운 날
흐리거나 맑거나 아무 관심 없는 날,
사랑은 갔다

옆구리가 시린 오후
전화번호를 바꾸며 텅 빈 쭉정이가
익어가는 가을을 곤란하게 바라보면
오후는 민망한 미소를 남겼다
꼭꼭 숨어라

풋내기 앓이

바람이 몰고 왔는가?
설렘이 몰고 왔는가?
비도
바람도 아니면 가라
되돌아 너의 협곡을 타렴

이 풋내기 사랑아
너의 날갯짓을 봐야겠다
총총
설익은 눈이라도 내려라

꽃잎과 단풍

당신들은 꽤 닮았군요
생명과 또 다른 생명이 닮았고
시작과 끝이 닮았으니
당신들은 쌍둥이라고
누군가는 말해요
하지만 하나의 본연인 것을요
삶의 뿌리가 뻗어나갈수록 단단해지는
한 호흡을 했을 뿐인데
벌써 잠을 자려고요

산행1

새벽부터 거창한 포부로
불면의 멱살을 거창하게 흔들다
가슴 저리도록 아파서
부둥켜안고 사는 일상을 또 흔들다
저만치 나뒹구는 녀석
품은 앙심이 많아서 저리도 서러운 것은 아니겠지
전생에 나의 벗이었을까
그 수모를 삼키고 뒤따르는 녀석
눈매가 귀여워 내치지 못하고 업어주는데
마지못해 보듬어 주는데 눈물겹다
가자! 오르러
하지만 다시 내려와 투정을 밥 먹듯 할 터
서러워라
네가 지쳐 곯아떨어질 때까지 오늘은 너를
한없이 괴롭혀
너를 훔치련다

내 못생긴 동행아

산행2

형형색색
나풀거리거나 웃거나
터벅터벅 걷다가 주저앉아도 다시
즐겁게 웃는 저 노년의 지팡이
대화가 이어질수록 애틋해지는 사이

산악용 지팡이 부러워 비꼬면 노년의 지팡이
살갑다

산행3

필시 저 노년은 축지법을 수행했을 터
제멋대로 뒹구는 바람도 피해 가는 사이
낙엽은 바스락거리지 않고

아!
내 젊음은 어디로 가출했을까

산행4

뒤돌아보지 않고 오르락내리락했더니
대꾸 없이

가슴에 뿔이나 집으로 줄행랑친 그 녀석
한마디라도 살갑게 해줄 것을

동행이 그립다

산행5

그 길이 아니다
길은 무겁지도 가볍지도 않았다
둘이었다가
하나였다가
셋이 되었다가
다시 하나가 터벅터벅 걷는다

변하는 건 세월이 아니다
제멋대로 앉아 있는 노인들 옆에
낙엽,
슬며시 제멋대로 앉는다

세렝게티를
떠나며

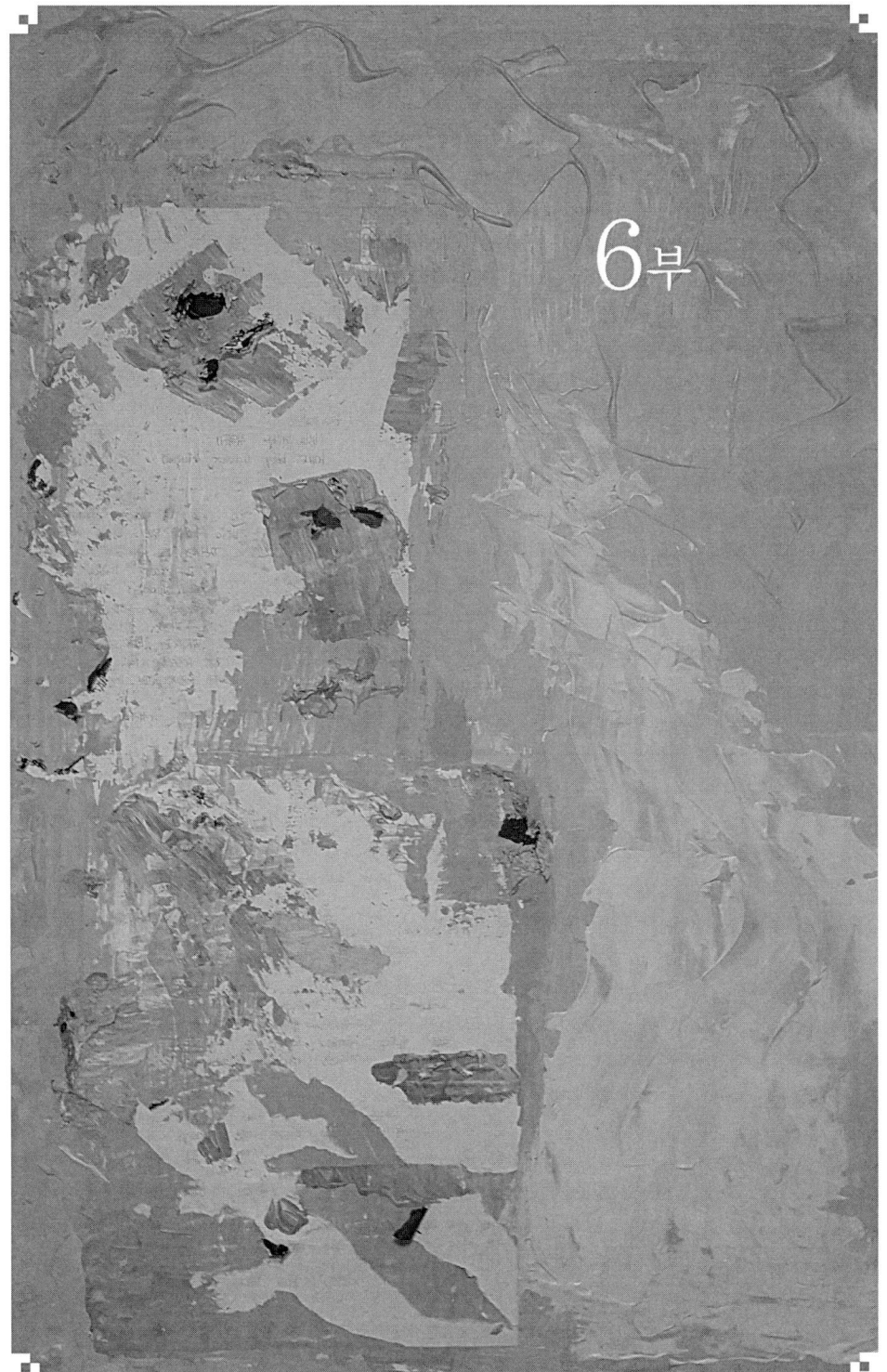

6부

6가을 애상

너는 단풍이다
너는 빛바랜 헌 옷이다
나무는 가죽옷을 입고
비로소 너는 옷이 아닌 낙엽이 된다
철 지난 세월이다
그래서 쌓이는 것이다
나무의 그림자인 것이다
걸어온 발자국이다

겨울 애상

꽃으로 피었다가
미끄러지는 계절
움츠러들어 나이테를 만들고
벼랑 끝에 선 화려한 꽃
결코 시들고 싶지 않겠지만
계절인 만큼
할 수 없이 지고 피는 그 밋밋함은
눈꽃을 가슴에 품었다

지하철에서

누렇게 색 바랜 표지를 A4용지로 곱게 가리고
한 장씩 읽어 내려가는 손
지하철 안에서 누가 볼까 봐 여자는 소리 없이
세월을 거슬러 올라가고
걷다가 뛰다가 넘어져
눈가에 여운을 고스란히 매달아도
무심한 얼굴들
이쪽으로 갈까
저쪽으로 갈까
목적지를 지나 걸었던 여자의 손이
인연의 문을 여닫는다

첫눈, 첫사랑

내 얼굴에 소복하게 쌓인 그녀
마음만 남겨두고
소리 없이 사라진 그녀,
그녀는 순백의 꽃이었다
청춘의 이름이었다

멧돼지

저들은 무슨 대화를 나누고 있을까

청설모도 그 흔했던 산비둘기도

잠시 쉬어 가는 시간,

계절이라고

엉뚱하게 뛰어든 멧돼지 한 마리

몸집 한 번 휘저으니

혼비백산 일어서는 허기짐

골목 애상

바람 따라 걷는다
저 풍만함이 너의 몸매처럼 무르익은 오후
오라는 곳,
친구 하자는 이 없는 이 도심을 꿋꿋하게 걷는다

바람에 흔들리고
멋대로 춤을 춘다
춤사위가 서글픈 계절에 누가 가슴 저리도록
저렇게 물감을 칠해 놓은 것일까?
바람은 지우개가 되고
지우개 똥은 골목에 흐드러졌다

바람 불면 우수수 떨어지는 저 무르익음
저절로 배가 부르지만 오로지 내 것이 아닌 것을

욕심을 핥고 가는 저 바람 좀 보소

빈 주머니 속으로 콧바람 기어들어 온다
콧바람 털고 걷다가 보았다
도심 속 숨어 있던 감나무

까치밥으로
남겨 놓은 열매
무르익음 속 배부름은 아닐 터
다 털고 나면 이듬해 줄어드는 수확을 계산했음이다
터 잡은 초가을에 짓기 시작한 건물은
몇 층인가를 더 올릴 참이고
길가에 모여 앉아 민화투를 치던 할매들은 시린 바람에
골목을 비웠다

이 보소, 어디에 갔소?

온갖 소리가 뒤엉켜 내 목소리를 되삼키는 오후

새초롬한 눈으로 나를 바라보는 골목
신이 난 바람은
이 골목, 저 골목을 익숙하게 휘젓고 다닌다
발가벗은 몸으로도 춥지 않은 바람이 삿대질하기 전에
외투 하나 장만해야지
골목은
걷지 않으면 낯설어지는 그 길

무게를 달고

세 개의 불알을 달고
수십 가닥의 선을 지탱하고 서서
전율을 보내는
저 기둥

개는 땅을 갖고 싶어 흔적을 남기고

여름 애상
– 아지랑이

차라리 가짜인 진짜였으면
언제나 그랬지만
이글거리는 네 가짜가

어지러운 소음처럼 들리니까
기절이라도 해줄까
아스라이 스며드는 계절
널어놓은 그 더위
등목하는 그 사내

긴 하루

보이는 것이 보이지 않는 것만큼 희미하다

빈털터리 헌 옷을 품고 잠을 청하려니

은행나무의 길고 긴 하루

촛불을 켜고 향을 피운다

이제부터 밤을 지나 다시 새벽을 걸을 것이다

그렇게 비 오는 날 나는 보았다

너의 눈물은 참으로 고왔다

너는 이 초저녁에도 사랑의 몸부림에

다시 붉어지겠지

흐름

소리와 그 음률을 저 멀리에서 감싸 안은 그 휘저음
무뎌진 계절만큼이나 가벼운 그 무게
누가,
믿음이라 했던가?
소스라치게 도망치는 그
한때는 소망이었다지
그대가 있던 자리
아직 내가 남아 노래를 부른다
앞산이며 뒷산에서
자꾸만 들려오는 그 소리
때늦은 전설이었을까
그 메아리는

숙취에 대하여

거울 속의 너
이 녀석아,
너는 볼 때마다 왜 그렇게
삐뚤어져 있어
다가서면 산산이 으깨져
바람에 흩뿌려지는 날카로운 조각
그 위를 무심코 걸어가는 자욱한 어둠
기억으로 남을 수 있으려나
내일이면 또 숙취로 흐트러지려나

등산

산에 가자고 해서 등산화 신고 나왔다
녀석,
추우니까 산에는 나중에 가잔다
술 마시러 가자는데
영 탐탁지 않다

칼바람은 지나가는 계절
봄이 오면,
지난 계절
내 발자국 아마도 선명히 찍혀 있겠지
아니면 그 위에
다른 발자국 또렷하겠지

모기의 일생

화장실 타일 위에 수직으로 앉은 여유

늦봄부터 늦가을까지 밤의 잔혹사
네 어미의 어미가 저지른 짓이렷다
용서할 수 없는 저주를 퍼붓다가
가여워 돌아서려다가
손바닥으로 탁!

텅 빈 혈흔 낭자하다

겁도 없이 겨울을 앵앵거리며
활보하는 모기의 항로는
어미의 어미가 되기 위해 오늘도
이착륙을 거듭하지만
앵벌이는 쉽지 않을 터
모기의 박제된 하루가 간다

고독한 시인을 만나다

이진수(시인, 소설가)

장시진 시인은 늘 고독하다.

그의 글 어디에서도 그리움이라는 의미를 쉽게 찾아낼 수 있다. 이번 시집에서는 더욱 깊은 고독을 천착해 나가는 듯하다. 지난 늦가을에 떠난 파로호에서의 일주일간을 통해서 시인의 그 고독의 뿌리를 찾아낼 수 있었다.

파로호의 물빛보다도 더 맑은 그의 순수한 영혼을 엿볼 수 있는 계기였다. 엿새 동안 우리는 물속에다 낚싯줄을 던져놓고서 밤을 새워가며 깊은 이야기를 나누었다. 40m나 떨어진 낚싯대에서 울리는 방울 소리도 쉽게 알아차리는 시인의 낚시 연륜을 알 수 있었고, 밤새도록 나눈 그와의 대화에서 영혼이 순수하다는 것을 느낄 수 있었다.

문학이란 순수성에서부터 출발한다. 순수에서 대중으로의 출발이 가능한 일이다. 텐트 안에서 자는 동안 그는 줄곧 물빛만 바라보고 있었으리라. 물속의 물고기를 따라 움직이는 그의 영혼. 시인은 파로호를 늘 가슴에 얹어놓고서 사는 듯했다.

그가 예전에 썼던 「아직도 나를 기억하고 있니」라는 블로그에 올려진 문장은 나를 충격에 빠뜨렸다. 그만큼 시인은 순수하다. 엿새 동안의 파로호에서의 텐트 생활을 마치고 서울로 돌아오는 길에 그의 영혼은 잠시 허공으로 떠나버린 듯했다. 그리고 얼마 후 새로운 시집을 준비하고 있다는 소식을 들었다.

늘 소년처럼 살고 싶어 했던 그의 영혼을 아직도 기억한다. 시를 쓰다가, 소설을 쓰다가, 그림을 그리기도 하면서 밤을 불태우는 시인의 시에서는 늘 그리움이 묻어 나온다. 무엇에 대한 그리움일까. 옆에서 지켜본 엿새 동안에 나는 그의 그리움의 근원이 어디서부터 오는지 대충 알 것만 같았지만, 이 시집을 읽는 독자들은 아직도 그의 영혼을 다 읽어내지는 못할 것이리라.

흐름도 멈춤도 없이
마른 눈물 가시처럼 품고
투명해지는 선
저 강의 넓은 그물코
외마디로 지치고

- 「그 강은 흐르는가」 부분

시인은 시간의 흐름도 멈춤도 결국엔 투명해지는 선이라고 했다. 세상의 복잡한 인간사들도 결국 알고 보면 투명한 한 선으로 귀결하는 것이라고 말한다. 마치 영혼의 눈으로 세상을 보고 있는 듯하다.

그 섬에 가고 싶다
줄지어 선 저 검은꼬리누 맨 뒤에 서서
투덜대지 않고
마냥 걷다가 지쳐도 쉬지 않고
쫓아가면 갈 수 있겠지

- 「세렝게티를 떠나며」 부분

시인에게는 늘 마음속에 품고 있는 섬이 하나 있다. 그 섬에 닿고 싶어 하는 시인은 늘 밤을 지새우면서 섬에 닿고자 하는 열망을 품고서 살고 있다. 세상의 시류를 따라가지 않고, '줄지어 선 저 검은꼬리누 맨 뒤에 서서' 라는 표현으로 시인은 세상의 흐름을 객관적으로 바라보는 눈을 가진다.

'마냥 걷다가 지쳐도 쉬지 않고'

잠시 쉬어가야 할 때임에도 시인의 밤은 늘 고독하게 다가오고 있다. 시인은 밤을 즐기고 있는 듯하다. 그래서 남들이 곤히 잠든 밤에도 일어나 촛불을 밝히면서 시어를 만지작거리고 있다.

시인은 촛불이 꺼지지 않는 한, 이틀 삼일 동안이라도 잠을 자지 않는다. 시어 하나를 발견하기 위해 꼬박 삼일 밤을 지새운다는 것은 지극한 열정이 아닐 수 없다. 며칠 만에 만난 그의 초췌한 얼굴을 보면서 그가 어떤 작업을 하고 있는가를 짐작할 수 있었다.

강은 이정표가 있다
바람처럼 제멋대로 흐르지 못하지만

저 협곡 끝에서도 흐른다

그 끝에서도 걸어야 한다

메마른 강이 되어서도
멈추지 않고,
생명의 흐느낌은 악착같을 것이므로
- 「숨겨진 강」 전문

시인에게는 강이 흐르고 있었다. 영혼의 갈피에서도 강이 흐르고 있었지만, 시인이 걷고 있는 길에서도 분명히 강이 흐르고 있었다. 강은 시인이 다리를 걷고서 건너야 할 물이었다. 물은 순수한 영혼을 갖고 있다. 그 영혼으로 들어가 이정표를 찾고 있는 시인은 끝내 협곡 같은 데서도 길을 잃지 않는다. 그리고 메마른 강바닥이 드러난다고 해도 시인은 영혼의 샘물을 퍼서 그 강을 흐르게 하고 싶은 것이다.

몇 걸음 걷다가 뒤돌아섰다

문득 시간 여행이 두려웠다
김수영의 헬리콥터가
소리 없이 파르르 떨었다
옳고 그름을 떠나서,
무엇이 남았을까
궁상맞은 하늘을 올려다보면
옳거니,
어금니가 빠졌다
봄바람이 날 선 만큼
헤드록이라도 걸어 보고 싶은 오후
너는 어디를 그렇게 서둘러 가느냐

- 「갱엿을 먹으며」 전문

이 시에서는 시인의 영혼의 절정을 맛보게 한다.
'몇 걸음 걷다가 뒤돌아섰다'에서 시인은 지나온 길을 바라보며 무슨 상념에 젖어 있었을까. 누구나 걸어온 길을 뒤돌아본다는 것은 그리움이 남아 있다는 뜻이다. 그리고 시인은 문득 시간 여행이 두려워졌다고 고백한다. 새로운 세계로의 전진을 하면서도 시인은 늘 두려움을 느

낀다. '옳고 그름을 떠나서 무엇이 남았을까' 하고 시인은 자신에게도, 독자에게도 물음을 던진다.

'어금니가 빠졌다, 헤드록이라도 걸어보고 싶은 오후' 시인은 지금 우리가 어디로 가고 있느냐며 재차 물음표를 던져놓고 사라진다. 시인은 강가에 서서 사람들이 떼를 지어 강물을 거슬러 올라오고 있는 것을 관조하면서 자신에게도 물음을 던지고 있다.

관능적인 외모,
그 풍만한 가슴,
가녀린 욕망은
누구에게서 배웠을까?
그 비린 젖가슴의 젖내를

꽁꽁 언 가슴
그 언저리에서
하물며 뛰어놀았을 계절
뒹굴고 싶어라
겨울이면 젖가슴 더 동여매고

시린 손 잡아줄 당신은
어디쯤 가고 있을까

보이지 않아도 보이는 뿌연 거울 속 당신
–「젖멍울 동여매고」 전문

  시인은 사람을 사랑한다. 고독하므로 더욱 그러하리라. 강물 속을 혼자 걷고 싶어 하는 마음처럼 사람들을 그리워하고 있다. '꽁꽁 언 가슴' '그 언저리에서 뛰어놀았을 계절' '뒹굴고 싶어라' 등등의 묘사를 살펴보면서 시인은 지금 회귀하고자 하는 열정의 마음을 읽을 수 있다.

  '보이지 않아도 보이는 거울 속의 당신'에게 시인은 비로소 안도의 웃음을 보내고 있다. 시인의 옆에는 늘 그림자처럼 내조하는 여인이 있는 듯하다. 고독하고 외로울 때 촛불처럼 자신을 불태워 시인을 다독거리는 누군가가 있을 법하다. 시인의 영혼을 잠재울 수 있고, 시인을 시인답게 만드는 조력자가 있으므로 인해 그는 오늘 밤에도 넉넉한 마음으로 촛불을 켤 수 있으리라.

시인은 가끔 혼잣말처럼 중얼거린다.

'보이지 않는다/약속을 했던 것은 아니지만/항상 그 자리에 있을 것으로 생각했다'로 시작되는 시어처럼 그의 영혼을 관통하는 누군가가 있다는 것이다. 시인은 오랜 시간 시를 쓰고, 소설을 쓰는 동안에도 의식적으로나, 무의식적으로나 누군가를 의식하면서 시어를 만들어 내는 것이다.

사라지는 것
다시 익숙해지는 것
그렇게 시간은 허물어지고
쌓여가고
그 와중에도 의미를 부여하는 것을 보면
시간 참 모질다

― 「흐름과 외면」 부문

우리는 시간의 흐름 속에서 산다고 할 수 있다. 시간의 흐름이란 곧 세월의 흐름이다. 시간이 지나면서 퇴색해 가는 것들에 대한 안타까움이 묻어나온다. 그것들은 다시 익숙하므로 다가오지만, 다시 흩어지고 마는 그림자 같은 것들이리라. 그래서 시인은 '참 모질다'라고 표현한다.

 어쩌면 섬뜩하리만치 단호한 표현이다. 평소의 시인은 시간의 흐름에 대해서 관대한 모습을 보였지만 시에서는 그의 솔직한 표현이 다 드러난다. 그는 가식이 없이 시를 쓴다. 군더더기나 필요 이상의 표현을 절제하는 모습이기도 하다.

  지나가는 소리
  멈추는 소리
  서성거리는 소리
  눈빛이,

  그 여자
  화천 여자
  기다리다가 지쳐버린 여자
  무거운 발걸음
  빈 낚싯줄 되어
  허전해지는 그 목멘 소리

그 바람

그 시장에서

그 여자 실없이 웃고 있네

- 「화천 여자」 전문

파로호에서 만난 바람까지도 시인은 의인화시키고 있다. 외로운 파로호에서의 고독이 묻어나온다. 아무도 없는 깊은 산 속의 드넓은 파로호에서 만난 바람까지도 의인화시키는 것이다. 시인은 고독을 즐기면서 사람을 그리워하는 것이다.

차라리 존재하지 않았으면 했다
모여드는 과객들에게 불을 휘둘렀다
여유 없이 제멋대로인 시간의 유영을
해석하는 것보다
그의 불이 되고 싶었다
춤을 추며 혼을 놓고 싶었다

가자!

저 불 속으로,
다만 무모한 외출이어서는 안 된다

— 「불놀이야」 전문

   시인의 고백이 묻어나오는 장면이다. '차라리 존재하지 않았으면 했다'고 고백한다. 그리고 시인은 불이 되어 혼을 놓은 채로 불춤을 추기 시작한다. 몸짓의 불춤이 아닌, 영혼의 불춤이기를 시인은 말한다. 고독함과 그리움이 혼합된 불춤. 시인은 불 속으로 뛰어들어 무당처럼 마음껏 춤을 추다가 손에 잡힌 시어 하나를 끌어안고서 통곡을 쏟아낼 것처럼 보인다. '무모한 외출이어서는 안 된다'라고 절규하고 있다.

   그에게서는 누군가와 동행하고자 하는 열망이 숨어 있음을 알 수 있다.

그 하얀 구름 속의 너를 발견할 수 있다면
다 먹어치워도 배부르지 않을 자신이 있는데
너는 단지 시간의 허상일 뿐이다

손으로 움켜쥘 수 없는 떠나간 시간의 일부,
내가 뒤돌아서면 사라지고 마는 그 흩어짐의 창구
- 「아야, 어여 가자」 부분

'구름 속의 너를 발견할 수 있다면'이라고 표현하면서, 한편으로는 '너는 단지 시간의 허상일 뿐이다'라고 고백한다. 있는 듯, 없으면서도 있는 듯한 존재감을 보여주고 있다. '떠나간 시간의 일부'라고 표현하면서 '내가 뒤돌아서면 사라지고 마는 그 흩어짐의 창구'라는 말로 마음속에 숨어 있는 누군가를 조금 드러내 보일 뿐이다. 시인은 그를 향해 조금씩 다가갈 뿐이다.

바람이 몰고 왔는가?
설렘이 몰고 왔는가?
비도
바람도 아니면 가라
되돌아 너의 협곡을 타렴

이 풋내기 사랑아

너의 날갯짓을 봐야겠다
총총
설익은 눈이라도 내려라

　　　　　　　　　　－「풋내기 앓이」 전문

　시인은 결국 고백하고야 만다. 바람이라도 좋고, 설렘이라도 좋으니 '너의 날갯짓을 봐야겠다'고 항변한다. 누군가가 다가와 주기만을 바라면서 오늘도 밤을 밝힐 준비를 하고 있다. 그가 나타나지 않는다고 해도 시인은 지치지 않을 것이다.

　장시진 시인의 시는 고혹적이다. 다 드러내지 않으면서도 숨김의 법칙도 없이, 그저 마음의 형상을 따라 움직이는 바람처럼 잔잔히 연필을 움직이는 마력이 있다. 끝없이 무언가를 갈망하면서도 끝내 마음을 다 드러내지 않으려고 애쓰는 시를 통해서 그리움의 깊이를 강물에다 비유하듯이 풀어내고 있다. 이 시들을 통해서 우리는 잊고 살았던 그리움들에 대해서 미안함을 느끼게 될 것이다.

세렝게티를 떠나며

초판 인쇄 2017년 1월 11일
초판 발행 2017년 1월 16일

지은이   장시진
펴낸이   진수진
펴낸곳   혜민라이프

주소   경기도 고양시 일산서구 하이파크 3로 61
출판등록 2013년 5월 30일 제2013-000078호
전화   031-955-9668
팩스   031-955-9669
전자우편 meko7@paran.com

ISBN   979-11-5732-171-1

값 6,500원

*낙장 및 파본은 교환해 드립니다.
*본 도서는 무단 복제 및 전재를 법으로 금합니다.